Antonio Esposito wurde 1989 im Wendland geboren und verbrachte seine Gymnasialzeit in Lüneburg. Während seines Studiums der Philosophie und Romanistik in Osnabrück und Lüttich begann er Gedichte und Erzählungen zu verfassen. Auf seinem Blog (www.espomind.de) schreibt er über Themen, die ihn bewegen. Dazu gehören z.B. Persönlichkeitsentwicklung und Veränderungen innerhalb unserer modernen Gesellschaft.

„Our deepest fear is not that we are inadequate. Our deepest fear is that we are powerful beyond measure. It is our light, not our darkness that most frightens us."

Marianne Williamson (*A Return to Love*)

Antonio Esposito

Die Wanderung

Gedichte

© 2015 Antonio Esposito
Lektorat: Lina Frehsdorf
Umschlag, Illustration: Marc-Timo Magnus Zell
Autorenfoto: Björn Schönfeld

Verlag: tredition GmbH, Hamburg

ISBN
Paperback   978-3-7323-1581-9
Hardcover   978-3-7323-1582-6
e-Book   978-3-7323-1583-3

Printed in Germany

Inhaltsverzeichnis

Zwei Vögel

Zwei Vögel, Hand in Hand,

Hüpften über das grüne Weideland,

Da stahl der eine einen Kuss,

Und der andere fragte gar nicht, was das soll

und ob das muss,

Alsbald hoben sie ab, als wäre nichts geschehen,

Gedenken wir Menschen uns ein Beispiel zu

nehmen,

Ein Austausch von Liebe in ihrer reinsten Form,

Ich wünschte das wäre auch die uns're Norm,

„Unnütz" mag einer denken ist diese

Geschicht',

Dabei war sie Inspiration für dieses Gedicht.

Die Leichtigkeit

Leicht und lautlos bewegen sie sich durch die
Lüfte,
Und verbreiten überall ihre angenehmen Düfte,
Frei und doch zielgerichtet werden sie ihrer
Unabhängigkeit Herr,
Ein tanzender Flug über den Bergen und dem
Meer,
Unbeschwertheit und Harmonie sind ihre
Tugenden,
Ohne sie wären sie wie der Mensch –
schwermütig,
Brächen zusammen unter der Last der
Suchenden,
Verlören sich in ihren hohen Lüften und
stürzten ab – übermütig.

Freiheit

Er schwebt in der Luft, über der Erde,

Hin und her, wie er will, so scheint es,

Nutzt auch den Wind, der ihn treibt,

Ein Zweiter kommt dazu, necken sich, kreuzen ihre Bahnen,

Behalten ihren Rhythmus und passen sich doch an,

Im nächsten Manöver wieder von einander getrennt,

Keine Einschränkung, sondern Ergänzung,

Freiheit, wahre Freiheit.

Der Baum des Lebens

Im schwebenden Winde liegt er in der Luft,

Seine Blätter zittern, seine Äste voller Duft,

Nichts stört seine imposante, dennoch demütige
Existenz,

Verwurzelt im Erdboden und will wachsen
zum Himmelstor.

Das Mondlicht

Offenheit und Unvoreingenommenheit
brauchen wir,
Leer sollten wir sein, loslassen unsere Gier,
Warme Kerzen zur Entzündung unserer
Herzen,
Himmelblau und Meerblau, die Sonnenstrahlen
erreichen uns,
Der Schmutz ist weg, glänzen fortan in unserer
Kunst,
Im Jetzt sind wir, denn eine andere Zeit gibt es
nicht,
Befreit von der Last, Freiheit im und durch
Verzicht,
Ein Tanz des Lebens unter dem feurig-trüben
Mondlicht.

Der Blick hinaus

Einfach nur den Blick in den Garten richten,

Einfach nur die Regentropfen begutachten,

Nur die Sinne spielen lassen,

Den Wind im Gesicht erahnen,

Der Musik des Lebens lauschen,

Sich niederlassen in der heimischen Seele,

Bei sich ankommen und atmen,

Mit sich lachen und weinen.

Die Leere

In den ungeahnten Momenten sprüht es hinaus,
In den scheinbar nutzlosen Augenblicken des
Nichts-Tuns,
Geht es hervor aus dem tiefsten Inneren,
Wo Reinheit und Liebe herrscht,
Wo unser Kind versteckt ist,
Der Ort, an dem nichts unsere Sicht versperrt,
Die Zeit stillsteht und wir uns vergessen.

Selbstfindung

Wenn es deine inneren Saiten zum Klingen
bringt,

Deine Seele wahrlich berührt,

Der Geist sich befreit,

Wenn man sich an die Vergessenheit erinnert,

An das Eins-Sein, an das Kind-Sein,

Die Tränen laufen, dein Körper lebt,

Wenn deine Träume greifbar werden,

Der Mut sich entwickelt,

Die Liebe ihren Ursprung findet,

Erst wenn du zu dir selbst findest, wirst du
gefunden.

Loslassen

Du kannst es nicht zwingen,

Lass dich nicht ein auf das Ringen,

Gib nach, lass die Zeit kommen,

Entspanne dich und fühle wie es,

Ganz ohne Zwang, den Weg zu dir findet,

Halt' es nicht fest, erst das Loslassen verbindet.

Die Zeit

Die Zeit, die Zeit – ständig vergeht sie,
Doch ist sie uns nie präsent,
Die Zeit, die Zeit – ständig im Blick,
Doch verlieren wir sie aus den Augen.

Die Zeit, die Zeit – ein ewig leises Ticken,
Wir sind unbekümmert, doch uns alle holt sie
ein,
Die Zeit, die Zeit – beständig im Wandel,
Doch merken wir es nicht,
Die Zeit, die Zeit – nein, wir sind nicht bereit.

Die Zeit, die Zeit – erst im Alter zeigen sich ihre
Spuren,
Doch die Zeit bleibt davon unbeeindruckt,
Viel Trauer, viel Freude hat sie verbreitet,
Doch wehe dem, der sich nicht auf sie
vorbereitet,
Den erwischt sie einfach so,
Nimmt uns mit in ihre Ewigkeit,
Die Zeit, die Zeit – alles, was bleibt.

Die Zeit, die Zeit – läuft in Echtzeit,

Ohne Pause, ohne Rücksicht,

Seien wir weise mit unserer Zeit,

Sie ist die kostbarste Währung unserer Zeit,

Doch wer hat schon Zeit sich Zeit zu nehmen?

Im Jetzt sein

Heute ist der Tag,
Der Einzige, den es gibt,
Und je geben wird,
Lebe heute wie nie zuvor,
Und es öffnet sich dir jedes Tor.

Ein Blatt im Wind

Wie ein Blatt im Wind,
So dein Leben entschwind',
Gerade noch in deiner Hand,
Dann von der Zeit übermannt,
Stehst du alleine da,
Und fragst dich, was dein Leben war.

Die Zitrone

Sie lachen, hättet ihr das gedacht,
Sie haben solch' eine Macht, doch erahnen sie
sie nicht,
Doch würden sie ihrem ersten Schritt trauen,
Gewönnen sie allmählich Vertrauen,
Und mit jedem Schritt ginge es voran,
Zögen sich und andere in den Bann,
In den Bann der sich ausbreitenden Kraft,
Geboren aus der Angst, wird sie zu eurem
Freund und Begleiter,
In der immer grüner werdenden Landschaft,
Legen sie ab die Ketten der Knechtschaft,
Regiert nicht der Glaube, sondern das Wissen,
Kein Sein im Denken, ein Sein im Sich-
Schenken,
Sie haben dem Leben ein Geheimnis entrissen,
Wie reich werden sie dadurch sein,
Nehmen das Schicksal in die Hand,
Und vergessen ihren Anstand,
Leben nicht prophylaktisch,

Sondern bombastisch cineastisch,

Auch wenn eine Zacke bricht aus der Krone,

Halten sie sich nicht fest am „Verlust",

Denn sie verlassen jetzt die Komfortzone,

Bald ein lebendiges Herz spricht in ihrer Brust,

Die Verwandlung bringt ihnen des Lebens

Zitrone.

Dein Herz

Dein Herz schlägt unaufhörlich,
Pumpt ohne Pause und Ruh',
Ist das nicht verwunderlich,
Ohne Herz bist du nichts,
Der Ursprung des Flusses,
Der zu deinem Leben wird,
D'rum betäub' es nicht,
Lass es schlagen,
Auch seine Zeit wird kommen,
Bis dahin erhöre seinen Rhythmus,
Es tut Dinge, die sonst keiner vermag,
Immer in deiner Brust,
Nimmst es vielleicht als alltäglich hin,
Doch erhalte dir des Lebens Lust,
Denn irgendwann geht es dahin.

Traumwelt

Eine fremde Welt wir uns erdenken,
Unsere Gedanken wir ihr schenken,
Idealisieren sie aus der Ferne,
Nähern ihr uns mit Überschall,
Und rasen voll daran vorbei.

Wahlfreiheit

Hast du Zeit, findest du keine Taten,
Hast du Taten, findest du keine Zeit.
Hast du das Lachen, findest du keine Qual,
Hast du die Qual, bleibt dir eine Wahl.

Der Ausbruch

Jetzt erst bricht er aus aus seinem Käfig,

Der ihn gefangen hielt – scheinbar ewig,

Mit einem lauten Schrei hinaus in die Welt,

Sein Ton den dunklen Raum erhellt,

Die verspätete Blütezeit nimmt ihren Lauf,

Die alte Haut riss er einfach raus,

Jetzt hat er sich doch noch von den Fesseln
befreit,

Jetzt sind seine Ziele nicht mehr weit,

Jetzt erst kommt seine Zeit.

Des Schicksals Wege

Ein Mann geht einen Schritt und dann zwei,
Er hält inne und blickt in sein Herz hinein,
Alles, was er dort findet, hat einen Sinn,
Aufrechten Blickes nimmt er des Schicksals
Wege hin,
Frohlockend über diese wundersame Welt,
Er hätt' es nie gedacht,
Doch sie ist genau so, wie sie ihm gefällt.

Ein großer Mann

Ein trauriger Mann guckt in den Spiegel,

Er ist sauer auf das Schicksal,

Er kann es nicht akzeptieren,

So wird er es doch schaffen und

Die Welt so nehmen, wie sie nun ist,

Er wird die Freude im Herzen spüren,

Denn er weiß,

Das Universum wird mich von nun an führen.

Die Wanderung

Angst blockiert meine Sicht, mein Körper
unbeweglich,
Mein Herz rast, Ruhe suche ich vergeblich,
Fühle mich ohne Sinn und Ziel,
Ein Schweben im Nichts ist zu viel,
Versuche meine Füße auf den Boden zu
bekommen,
Doch ich bin schon ganz benommen,
Meine Seele ist erschlafft,
Als sie zu Boden fiel, hat es laut gekracht,
Kann sie wieder aufstehen und ihren Weg
gehen oder bleibt sie doch auf der Stelle stehen?
Sie erliegt fast aus Mangel an Glauben,
Oh, wozu sie alles taugt bleibt unerforscht,
Doch was, wenn sie es ein letztes Mal versucht,
Wie viel Erfolg könnte sie verbuchen?
Und meine Seele richtet sich taumelnd auf,
Ab jetzt geht's nur noch bergauf.

Begegnungen

Ich sah Menschen, die gerne im Regen standen,
Traf Magier, die sich selbst nicht erkannten,
Begegnete Mutter Teresa in der Not,
Kreuzte den Weg eines endlosen Wanderers,
Ich legte ab das Leben des Zauderers:
Ein neuer Blick sich mir dort bot.

Alles oder nichts

Ein Baum – nichts als Rohmaterial oder doch
des Lebens Weisheit?
Ein Buch – nichts als Wörter oder doch wichtige
Worte?
Ein Stück Papier – nichts als Utensil oder doch
die ganze Welt?
Ein Traum – nichts als eine Illusion oder doch
die einzige Realität?
Ein Lichtstrahl – nichts als Dunkelheit oder
doch die Quelle des Sehens?
Ein Mensch – Leibeigener oder doch sein
eigener Knecht?
Liebe – nichts als Hormone oder doch der
Ursprung unserer Kraft?
Freiheit – nichts als Einbildung oder doch die
stärkste Bindung?
Arbeit – notwendiges Übel oder doch
Leidenschaft?
Mutter Natur – ein Geschenk oder doch nur
Leihgabe?
Inspiration – jetzt oder später?
Das Leben – liegt es an ihnen oder an dir?

Das Ende

Am Boden liegend, fand ich mein Glück,
Als ich am Ertrinken war, fing ich an zu atmen,
Als ich durch das Feuer lief, entbrannte mein
Herz,
Als ich weinen konnte, lernte ich zu lachen,
Als ich dich sah, lernte ich zu geben,
Als ich leer wurde, fand ich Erfüllung,
Erst als ich mich kannte, fand ich die richtigen
Worte,
Erst als ich gehen wollte, fing ich an wirklich zu
leben.

Treibsand

Je tiefer ich im Sand verschwand,
Desto stärker wurden meine Beine,
Je stärker der Tod um mich warb,
Desto mehr wollte ich mein Leben,
Je mehr Tränen ich vergoss,
Desto stärker brannte mein Feuer,
Gefangen in meinem Kopf,
Freiheit in meinem Herzen.

Intensität

Die Sonne – heller als sonst,

Die Luft in meiner Nase,

Schaue klarer nach vorne,

Die Blicke – eindringlicher,

Die Vögel – freier,

Die Liebe – gewachsen,

Lebendig wie nie zuvor,

Der Moment – präsenter,

Die Welt – verändert,

Aber warum?

Weil ich in der Hölle war.

Antiheld

Wieder ein Rückschlag,

Im Aufwind geahnt, doch die Realität wird

Illusion,

Schnell schlage ich mit meinen Händen,

Aber ich bekomme eine Infusion,

Die Droge der Welt,

Scheine danach vollkommen erhellt,

Kann nicht entkommen,

Denn ich bin kein Held.

Ewiger Schlaf

Ich möchte zu Bett gehen,
Und nie wieder aufstehen,
Möchte mein Ziel erreichen,
Ohne vorher zu erbleichen,
Doch das ist wohl nicht möglich,
Denn das Leben hält immer wieder neue Ziele
bereit,
Es ist ein endloses Streben in die Höhe,
Eine bedeutungslose Statistik,
Von Helden und Gefallenen,
Ich habe Höhenangst,
Kann aber nicht am Boden der Tatsachen
kriechen.

Fröhliche Masken

So viele Menschen eng gequetscht in den
Gassen,
Sind blind und tragen ihre fröhlichen Masken,
Oh, könnt' ich doch bloß so sein wie ihr,
Die ihr glücklich lebt in Vergessenheit und Gier,
Es bleibt mir verwehrt, mich zu euch zu
gesellen,
Nicht weil ich nicht will, sondern weil ich nicht
bin,
Schaue bedrückt auf den Boden,
Während in mir die wildesten Gedanken toben,
Und frage mich: „Bin das wirklich ich?"
Das Gefühl der Einsamkeit breitet sich aus,
Es eilt meiner Angst voraus.

Falsche Umgebung

Wie eine Mauer, die sich allmählich um dich
schließt,
Wie ein Fisch, dessen eigenes Wasser ihn
ausspuckt,
Wie ein Vogel, dessen Flügel eingeschnürt,
So fühl' ich mich in dieser Zeit,
Meine Gedanken bringen mich nicht mehr weit,
Bin aussichtslos in mir gefangen,
Eine unfreiwillige Freundschaft mit der
Einsamkeit,
Wer kann mich schon befreien?

Bungee

Ich stürze kopfüber in den Himmel – freier Fall,
Ohne Kontrolle, aber mit Anzug,
Die Krawatte flattert im Sonnenlicht,
Fange mich wieder, konzentrier' mich auf
meinen Körper,
Angespannt, gestreckt, breite ich die Arme aus,
Der Wingsuit verlangsamt den Fall,
Gewinne Kontrolle über die Richtung des
Falles,
Genieße den Ausblick trotz mangelnden
Bodens unter den Füßen,
Ich weiß, am Ende kommen wir alle unten an.

Stetiger Begleiter

Solange du nicht am Boden bist,

Dein Leiden geht mit dir,

Meistens als Feind, selten dein Freund,

Wenn du unten ankommst,

Kannst du dich entscheiden.

Die Verwandlung

Du siehst nur die Dunkelheit,
Wie sie sich vor dir ausbreitet,
Du siehst nur die Wand vor dir,
Und die Toten vor ihr liegen,
Du siehst die tiefschwarzen Wolken,
Doch nicht den blauen Himmel darüber,
Und das Licht, das du verbreitest,
Weder das Lächeln, das du zauberst,
Noch die Wände, die du besteigst,
Das Leben, das du suchst,
Findest du, wenn du nach hinten schaust,
Dann hast du auch wieder die Kraft
Für den Blick nach vorn,
Und indem du so vorwärts schreitest,
Merkst du, wie sich alles um dich verwandelt.

Anklage

Verachtet das Leben, weil er mehr erwartet,

Vernachlässigt das Leben, weil es begrenzt ist,

Über die Unendlichkeit hat er ja Gewissheit,

Darunter scheint ihm das Leben klein,

Ein Grund darüber zu klagen und zu wein'?

Das Leben

Es ist widersprüchlich,
Ist es schlecht?
Es ist hart,
Ist es schlecht?
Es ist tödlich,
Ist es schlecht?
Es ist, wie es ist,
Ist es lebenswert?

Unnützes Zeug

Kunst ist unnütz,

Sie ist nur Veräußerung des Innerlichen,

Nahrung ist unnütz,

Sie ist nur Verinnerlichung des Äußeren,

Das Leben ist unnütz,

Es ist innerliche Qual,

Äußerliches Glück,

Tiefes Leiden,

Hohe Luft.

Erst wenn

Erst wenn Künstler Politiker werden,

Erst wenn die Mächtigen demütig werden,

Erst wenn die Armen entscheiden,

Erst wenn die Schlafenden aufwachen,

Erst wenn die Reichen ihre Armut bemerken,

Erst wenn die Träumer handeln,

Erst wenn die Oberfläche bröckelt,

Werden wir merken,

Dass wir bisher im Dunkeln wanderten.

Von einem Egoisten

So sitze ich da und schreibe Gedichte:
„Tolle Sache, machst die Welt besser!",
Kann nicht leben ohne zu schreiben,
Es geht nicht um die Welt,
Es geht um mich,
„Könntest deine Zeit besser vertreiben,
Du dummer Egoist!"
Was kann ich ändern, außer mir selbst?

Ein kleines Gedicht

Ein Gedicht bringt nichts,
Es kann die Welt nicht verändern,
Es kann die Menschen nicht zum Handeln
bewegen,
Es bleibt flüchtig im Herzen,
Und wird bald erdrückt,
Verschönert vielleicht den Wegesrand,
Sonne und Regen braucht es dafür nicht,
Großes muss man tun, um ein großer Mensch
zu sein,
Es jedoch ist ganz klein und schämt sich nicht,
Denn es denkt sich: „Ist es nicht genug zu
sein?"

Kopfschmerzen

Einen Kopf voller Sorgen –
Den habe ich nicht mehr,
Denn egal ob es mich ergreift,
Kopfzerbrechen bringt mich nicht weit,
Laufe meinen Gedanken nicht mehr hinterher,
Lebe verantwortungsvoll, fühle mich allmählich
in mir geborgen.

Des Weisen Tore

Um Dichter zu werden, bin ich geboren,

Doch dieser Sinn blieb mir stumm,

Ich klopfte an des Weisen Tore,

Doch ich wurde nicht auserkoren,

Ich kehrte um auf Irrwegen,

Erlösung schien mir jetzt nur ein scharfer Degen,

Eine Stimme sich leise an mich wandt' im Regen,

Es war die meine, sie kam kurz bevor ich es beenden wollt':

„Wir haben uns jetzt gefunden, geh' nicht mehr fort!

Hier ist jetzt unser sicherer Ort".

Ein Genie bekommen

Wenn ich es versuche mit Zwang,
Ich keine Worte finden kann,
Wenn jedoch das Ego ruht,
Die Worte finden ihren Mut.

Gedankenfluss

Denken ist wichtig,

Intuition umso mehr,

Die kommt wenn nichts gedacht,

Sondern der Körper einfach macht,

Denken ist Kampf,

Intuition ist Aufgabe.

Hinterherlaufen

Nur im Jetzt ist Veränderung möglich,
Versuchst du anderes, handelst du vergeblich,
Du läufst dem Leben hinterher,
Kein Wunder, du suchst das strahlend blaue
Meer,
Bist aber geblendet und denkst: „Das ist nicht
fair!"

Die Anderen

Alle reden, keiner handelt,
Und es wundert, dass sich nichts verwandelt,
Der Blick geht in Richtung der Anderen,
Erzählen sich viele Worte,
Treffen auf die Oberfläche und prallen ab,
Fallen zurück auf die eigenen Sorgen,
Ängstlich und zögerlich geben sie zu:
„Darum kümmere ich mich morgen!"

Fliegen fliegen

Fliegen fliegen unkontrolliert herum,

Ich, desorientiert in der Mitte, dumm,

Überleben wollen, bekriegen müssen,

Voll mit Ego, Lösung nicht in Sicht,

Leben wird so nicht ermöglicht,

Ein Wettkampf, bei dem der Gewinner,

Mehr Zeit zum Sterben KRIEGt.

Herzrasen

Wurzeln des Leidens lange verkannt,

Herz schlägt rasant,

Es stand zu lange still,

Jetzt wo ich hinunter steige,

Treffe ich auf alles, was ich meide,

Alles wird aufgewirbelt,

Nebel steigt in die Dunkelheit,

Es ist verwirrt, hat Angst,

Adrenalin im Stillstand.

Innere Ruhe

Ruhe mich am Ende des Tages begleitet,
Sie vor dem Schlaf mich leitet,
Umgibt mich mit ihren sanften Tönen,
Lese einige Zeilen, lasse mich verwöhnen,
Ihre Arme mich halten, loslassen ich kann,
Weil ich insgeheim hoffe, dass ich irgendwann
mit ihr eins werde –
Vielleicht noch über dieser Erde.

Unendlicher Kreislauf

Wille nimmt zu,
Schritte bleiben stumm,
Anforderungen steigen,
Unerledigte Aufgaben bleiben,
Stehe auf der Stelle krumm,
Suche nach unerreichbarer Ruh'.

Das Rennen

Ich renn' und ich renn',

Schaffe es so meinen Tag zu verpenn',

Ich will rennen und rennen,

Bin eine Schnecke,

Ich will mir das Leben gönnen,

Bleib hängen an jeder Hecke,

Ich will immer mehr,

Erreiche immer weniger,

Der Druck belastet mich sehr,

Vielleicht muss ich sein gnädiger.

Der Schmerz

Nicht er lässt uns leiden,

Ein helfender Freund,

Leid kommt zu denen, die seinen Sinn nicht
erfassen,

Seine wahre Hand am Rande des Stegs nicht
greifen,

Seine Macht zieht aufwärts,

Wer sich weigert, dessen Existenz wird zur
Qual,

Tod: taub und kahl.

Der Künstler

Bewahrer der Erinnerung,
Maler der Seele,
Singen aus der Kehle,
Springen aus der Abdunklung,

Regen im Himmel,
Leid im Inneren,
Aufbruchsstimmung:
Degen und ein Schimmel.

Wendepunkt

Leere Gedanken drehen im Kreis,

Ausweg ausgeschlossen,

Wellen fallen ineinander,

Taucher gehen allem auf den Grund,

Abwärtsspirale hat einen Sinn,

Drehung um den gleichen Punkt.

Falsches Versprechen

Der Teufel hat dich in der Hand,

Zerdrückt dich förmlich,

Sein breites Grinsen – heiß und kalt,

Seine Augen leuchten voller Gier,

Er weiß, sein Versprechen glänzt nur im Hier.

Wiedergeburt

Tod der Liebe, Liebe zum Tod,

Nach tiefer Abscheu, größere Lust,

Auferstehung im neuen Glanz,

Tiefer die Wurzeln, höher der Tanz,

Jeder Tod ein Stück von mir reißt,

Ewige Qual, stärkeres Herz.

Wer ist er?

Ich brauche ihn,
Hilft mir am Leben zu bleiben,
Hindert mich am Treiben,
Hört mir zu im Stillen,
Lässt wachsen meinen Willen.

Wer ist sie?

Wie vereinbart man sie mit seinem Ziel?
Wird es ohne sie nicht zu viel?
Kann man sich auf sie verlassen?
Begeben wir uns dann nicht in Abhängigkeit?
Erlangen wir durch sie mehr Kraft,
Oder ist sie gar die Quelle der Müßigkeit?
Vielleicht ist es gerade sie, die uns befreit,
Uns unmerklich mehr Energie verleiht.

Abenteuer oder Flucht

Schienen und ein Gleis,
Zug fährt ein,
Abfahrt muss sein,
Weste ist noch weiß.

Flüchtige Zugfahrt

Grün um Grün zieht vorbei,
Der Blick verrät so einerlei,
Hin und her man verweilt,
Der eigene Schatten einen bald ereilt.

Wasser fällt

Fenster im Regen,

Tropfen um Tropfen,

Einer nach dem anderen,

Es werden zu viele,

Nicht mehr unterscheidbar,

hinunterlaufen nicht vermeidbar.

Brot und Spiele

Nicht der Tod gehört zum Leben,
Sondern das Leben zum Tod,
Denn leben werden nicht viele,
Aber alle sich ihrem Körper ergeben,
„Weiter geht's mit Brot und Spiele!"

Sinn

Wie der Mensch nach ihm strebt,

Ohne ihn er innerlich bebt,

Als ob er ohne nicht leben könnt',

Nur wenigen bleibt er vergönnt,

Doch können wir wirklich auch leben ohne?

Ein König hinterfragt nicht seine Krone,

Stellt keine Fragen zu seinem Land,

Und nimmt hin seines Geburtes Band.

Das Geheimnis

Jeder kennt das Geheimnis gut:
„Den Moment nutzen – unerschrocken!"
Doch keiner lebt seinen Mut,
Hängen an der Vergangenheits Brocken,
Was hält sie auf?
Vielleicht das Ego oder das Mantra „Kauf!"

(A)theismus

Gott und sein Gegenspieler, beide an einem Ort,
Verbringen Zeit miteinander,
Lernen sich besser kennen,
Zug um Zug – Siege sind gleichmäßig verteilt.

Ein Mensch, dessen Kopf das Spielbrett ist,
Hat die Figuren in seiner Hand.

Zwei Quellen

Nicht nur das Licht bringt uns hervor,
Auch die Dunkelheit hat ihre Kinder,
Deswegen sind sie nicht in ihrer Seligkeit
minder,
Vor den Anderen kennen sie den dunklen Ort,
Besingen ihn nachts gemeinsam im Chor.

Neue Lieder wurden also erdacht,
Die Umstände nicht mehr in Verdacht,
Der Schuldige wurde entwaffnet,
Damit das Leben in ihnen gewinnt,
Für das sie gewappnet,
Bevor die Anderen es sind.

Zurück in die Zukunft

Die Zukunft kennen brauchst du nicht,
Sie hält sowieso bereit das Beste für dich,
Versuchst du es trotzdem, sie wird sich dir
nicht erklären,
Du bestimmst nicht die Zeit, die Zeit wird dich
auserwählen.

Ziellos

Es geht nicht um das Ankommen,
Sondern um das Losgehen,
Es geht nicht darum, jemand zu sein,
Sondern ständig jemand zu werden.

Wenn die Entwicklung das Sein nicht nährt,
So wird kein Ziel es je sättigen.

Zeitfracht Medien GmbH
Ferdinand-Jühlke-Straße 7
99095 Erfurt, Deutschland
produktsicherheit@kolibri360.de